GW01605722

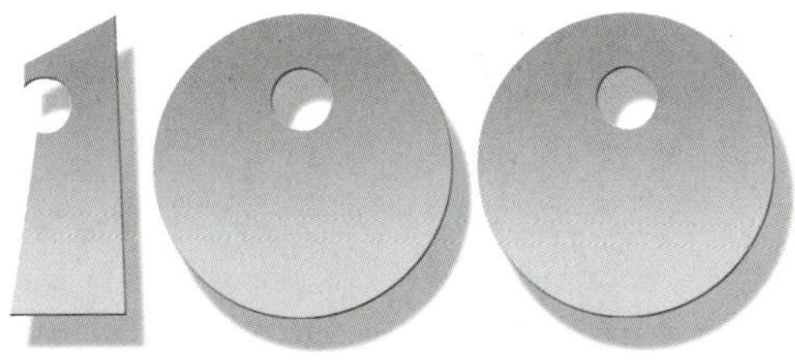

infos à connaître

LES OCÉANS

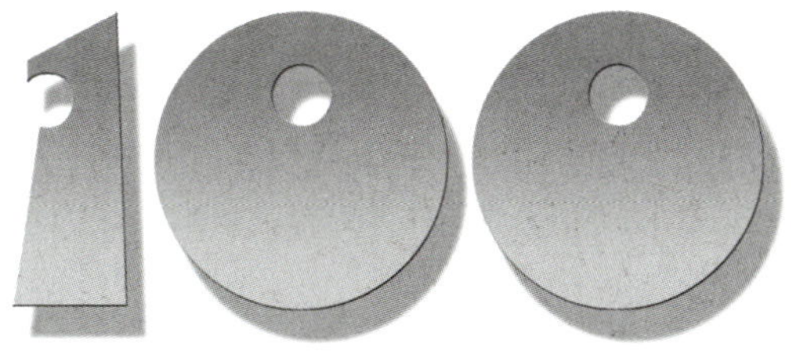

infos à connaître

LES OCÉANS

Clare Oliver
Consultant : Clive Carpenter

Piccolia

Techniparc
Z.A.E de la Noue Rousseau
5, rue d'Alembert
91240 Saint-Michel-sur-Orge
Dépôt légal : 3e trimestre 2007
Loi n°49-956 du 16 juillet 1949
sur les publications destinées à la jeunesse.
Imprimé en Chine.

Remerciements aux artistes qui ont
contribué à l'élaboration de ce titre :
Kuo Kang Chen
Peter Dennis
Richard Draper
Nicholas Forder
Chris Forsey
Terry Gabbey
Studio Galante
Alan Harris
Kevin Maddison
Janos Marffy
Alan Male
Steve Roberts
Martin Sanders
Mike Saunders
Gwen Tourret
Rudi Vizi
Mark Davis/Mackerel

Sommaire

Le monde aquatique

1 **Les océans couvrent les deux tiers de la surface de la Terre,** soit environ 362 millions de kilomètres carrés. On en distingue quatre – les océans Atlantique, Pacifique, Indien et Arctique – tous inter-communicants. Les plus grandes masses de terres émergées constituent ce qu'on a appelé les continents.

Océan Arctique

Océan Atlantique

Océan Pacifique

Océan Atlantique

2 **L'océan Pacifique est le plus vaste et le plus profond.** Sa surface est aussi grande que celle des trois autres océans réunis ! La plus haute montagne du globe, l'Everest, disparaîtrait entièrement aux endroits les plus profonds du Pacifique.

▶ L'altitude du point culminant de l'Everest est de 8 850 mètres. Le Pacifique est par endroits profond de plus de 10 000 mètres.

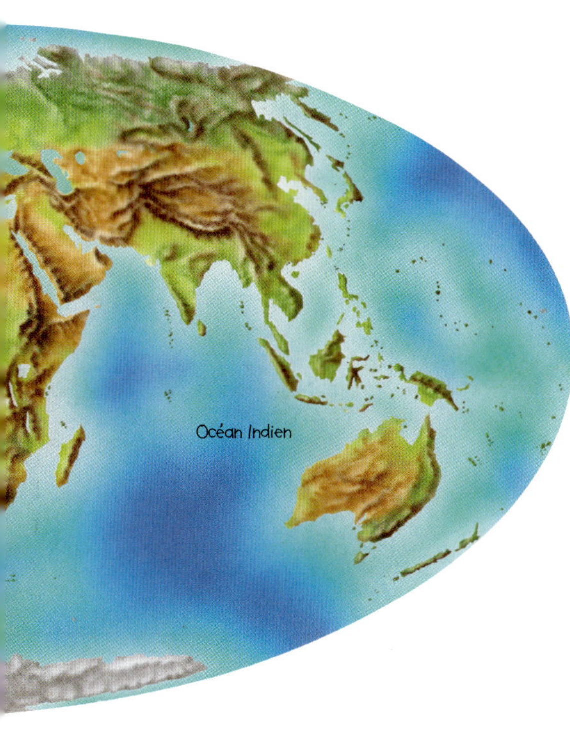

▶ Un verre d'eau de mer paraît transparent. Seules de larges étendues d'eau de mer semblent colorées.

3 Les océans semblent bleus, verts ou gris. L'eau absorbe les composants rouges de la lumière solaire et diffracte ceux qui sont bleus et verts. La couleur apparente de la mer est composée de diverses nuances de bleu ou de vert.

4 Mer Rouge et mer Morte. Une mer est souvent une partie d'un océan. La mer Rouge par exemple, entre l'Égypte et l'Arabie saoudite, fait partie de l'océan Indien. La mer Morte est en réalité un grand lac très salé.

▲ Les océans couvrent la plus grande partie de la planète. Chaque océan compte plusieurs parties appelées mers.

INCROYABLE MAIS VRAI !
97 % de l'eau du globe est salée et se trouve dans les océans. Le reste forme les lacs et les cours d'eau.

5 Il y a des courants dans les océans. Leur eau est toujours en mouvement, mais en divers endroits elle forme des courants. Un des plus connus est le Gulf Stream, un courant chaud de l'Atlantique qui adoucit le climat de l'Europe occidentale.

Les océans

6 Des régions appelées bassins se trouvent dans les océans.

Constitué d'une immense plaine abyssale, et de reliefs variés (monts, vallées, canyons profonds et volcans sous-marins), un bassin est bordé par un talus à forte pente suivi par un plateau continental qui monte jusqu'au littoral.

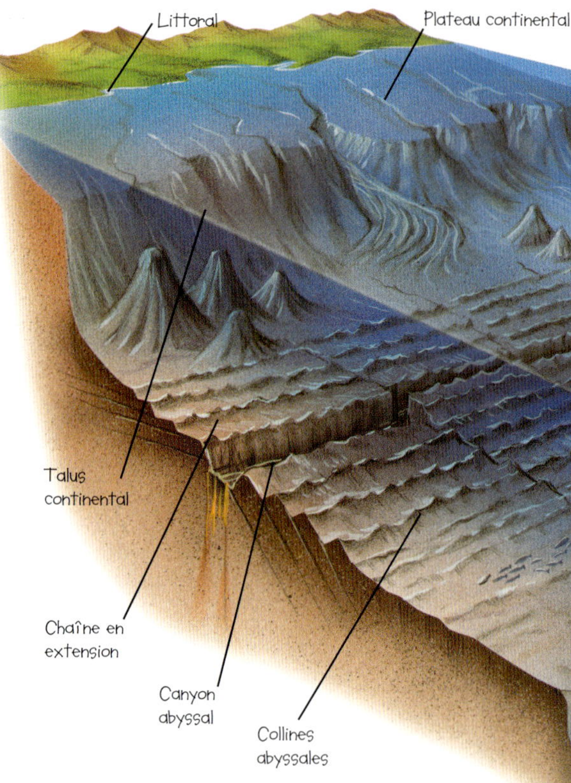

▲ La morphologie – le relief – du fond de l'océan est similaire à celle des terres émergées.

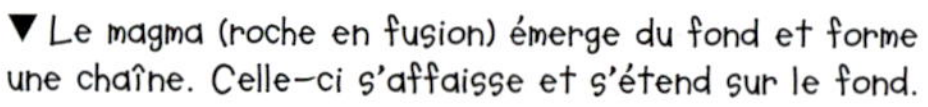

▼ Le magma (roche en fusion) émerge du fond et forme une chaîne. Celle-ci s'affaisse et s'étend sur le fond.

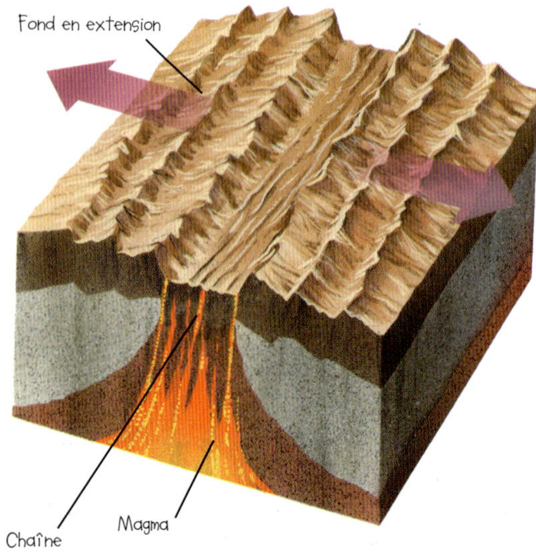

7 Le fond de l'océan s'étend.

Le magma (roche en fusion) des profondeurs de la Terre remonte par des fissures, émerge lentement et forme de nouvelles sections du fond. Les scientifiques ont apporté la preuve de ce processus en étudiant des couches rocheuses du fond de l'océan de part et d'autre d'une chaîne : celles-ci ont chaque fois pour origine la même éruption de magma qui s'est progressivement étendu.

▼ Un atoll, récif de corail annulaire autour d'un lagon, marque l'emplacement d'une île volcanique disparue.

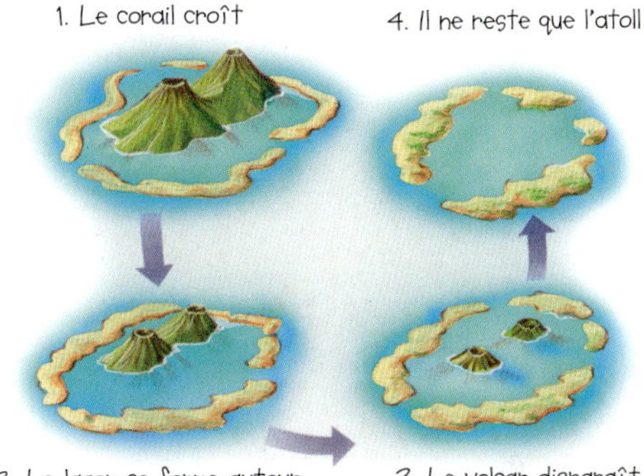

8 Certaines îles sont avalées par l'océan. Un récif de corail annulaire – un atoll – isolé peut indiquer l'emplacement d'une île autour de laquelle il s'était formé et qui est retombée dans les profondeurs.

▶ D'autres archipels sont en devenir. Le sommet du volcan Loihi est juste visible sous la surface.

INCROYABLE MAIS VRAI !
La plus longue chaîne de montagnes du globe est invisible car elle se trouve dans les profondeurs des océans.

9 De nouvelles îles apparaissent. Quand un volcan sous-marin entre en éruption, des couches de lave refroidie par l'eau se superposent, le volcan grandit et il arrive qu'il émerge. C'est ainsi que naquirent dans le Pacifique les îles Hawaii.

Marées et côtes

10 **Le niveau de la mer monte puis recule deux fois par jour sur les côtes.** Ces marées sont dues à l'attraction de la Lune sur la partie de la Terre qui lui fait face.

▼ À marée montante, la mer apporte sur le rivage des algues, des coquillages et du bois mort. À marée descendante, elle se retire en les abandonnant.

Les marées hautes ont lieu en même temps aux côtés opposés de la Terre.

À marée haute, la mer a envahi le rivage

À marée basse, la mer s'est retirée

11 **Les marées ont une plus grande amplitude deux fois par mois.** Quand l'attraction du Soleil s'ajoute à celle de la Lune ont lieu les grandes marées ou marées de vive-eau. Quand l'attraction du Soleil contrarie celle de la Lune ont lieu les petites marées ou marées de morte-eau. L'amplitude des marées varie selon le lieu. Elles sont fortes sur les côtes de l'Atlantique et presque nulles en Méditerranée.

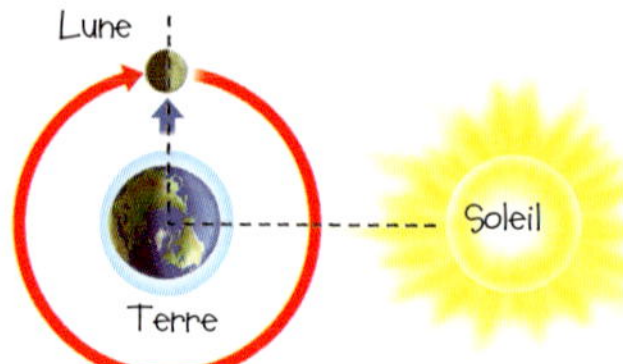

◀ Petites marées quand le Soleil et la Lune sont à angle droit : leurs attractions se contrarient.

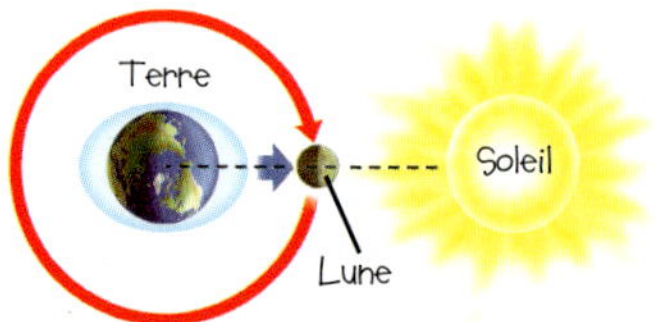

▶ Grandes marées quand le Soleil et la Lune conjuguent leur attraction.

12 Les mouvements de la mer sont assez puissants pour entailler le roc.

L'érosion due aux vagues crée de curieux paysages.

▼ Bel exemple de l'étonnant travail des vagues sur la roche.

13 On trouve du sable ailleurs que sur les plages.

Le sable, fragments roulés de roche et de coquillages, s'accumule sur les plages et aussi sur les flèches littorales – masses de sable allongées qui s'élèvent au-dessus du niveau de la mer parallèlement aux côtes.

14 Certains rivages sont marécageux.

Cela rend la limite entre terre et mer difficile à déterminer. Les marécages tropicaux où poussent les palétuviers sont inondés par l'eau de mer salée.

▶ Racines échasses des palétuviers dans un marécage tropical.

▲ Un tsunami peut avancer plus vite qu'un avion de ligne.

15 Les raz de marée sont les vagues les plus puissantes.

Hauts murs d'eau de mer se déplaçant à grande vitesse, appelés tsunamis dans le Pacifique, ils sont produits par une explosion volcanique sous-marine ou un séisme.

INCROYABLE MAIS VRAI !

Un tsunami trois fois plus haut que la tour Eiffel déferla sur les îles Ryuku au Japon en 1771.

Dans une mare littorale

16 Nombre d'espèces vivent dans les mares littorales. Les bernicles, coquillages qui vivent sur les rochers et dans les mares du bord de mer, se nourrissent d'algues vertes. Leur pied les retient fermement au rocher pour qu'elles résistent aux marées. Elles ne se déplacent qu'à marée basse.

17 L'anémone de mer (ou ortie de mer ou actinie) est guerrière. L'anémone de mer lutte contre ses compagnes pour défendre son terrain de chasse. Son arme est un venin paralysant qu'elle injecte avec des tentacules qui jouent le rôle de harpon.

▲ Les anémones de mer portent un nom de fleur.

◀ Les étoiles de mer sont apparentées aux oursins et aux concombres de mer.

18 Les bras des anémones de mer repoussent. Elles peuvent avoir jusqu'à 40 bras. Quand un adversaire attrape un de ses bras, elle l'abandonne et s'enfuit avec ceux qui restent.

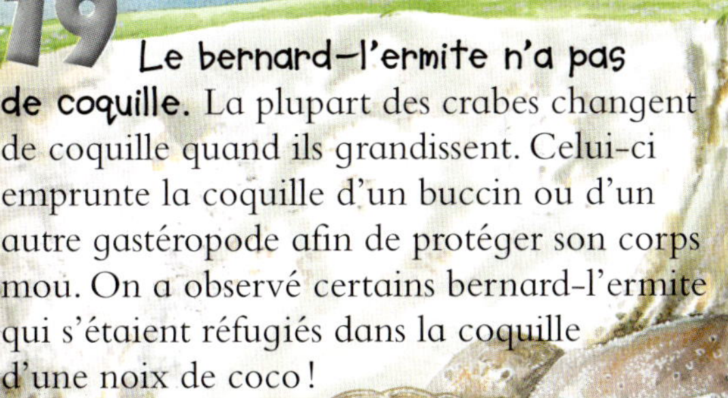

19 Le bernard-l'ermite n'a pas de coquille. La plupart des crabes changent de coquille quand ils grandissent. Celui-ci emprunte la coquille d'un buccin ou d'un autre gastéropode afin de protéger son corps mou. On a observé certains bernard-l'ermite qui s'étaient réfugiés dans la coquille d'une noix de coco !

▶ Le bernard-l'ermite se réfugie dans une coquille vide.

QUIZ

Peux-tu reconstituer les noms de quatre coquillages ?

1. drealoup 2. loume
3. rîtheu 4. cicnub

1. palourde 2. moule
3. huître 4. buccin

20 Les oursins se déguisent. Les oursins verts se camouflent avec des fragments de coquille, des cailloux et des algues pour tenter d'échapper aux prédateurs.

◀ On a identifié dans la mer quelque 4 500 variétés d'éponges.

21 Les éponges sont des animaux. Elles filtrent l'eau de mer pour se nourrir de micro-organismes. L'éponge naturelle de ton bain est un animal mort et desséché.

Vie dans les coraux

22 De petits animaux élèvent d'immenses murs sous-marins. Ceux-ci sont faits de l'accumulation de squelettes calcaires de polypes. Il faut des millions d'années pour que ces récifs coralliens s'élèvent. Ils comptent des myriades d'anfractuosités qui sont l'habitat d'une vie aquatique diverse et colorée.

23 Les plus grands coquillages vivent sur les récifs coralliens. Ce sont les palourdes géantes – plus d'un mètre de long. Tu pourrais prendre un bain dans leur coquille.

24 Les papas hippocampes ont des enfants. Pas tout à fait : en vérité, ils ne donnent pas naissance mais portent les œufs dans une poche sur leur ventre. Quand les œufs éclosent, un flot de bébés hippocampes sort de la poche du père.

▶ Les bébés hippocampes nagent aussitôt après être sortis de la poche de papa.

25 Certains poissons vont à la laverie.

Le labre nettoyeur est un petit poisson carnivore qui joue ce rôle. De plus grands poissons comme le mérou et la murène l'accueillent pour qu'il dévore les parasites et autres débris qu'ils portent : quel festin !

26 Les poissons-clowns sont vaccinés.

La plupart des poissons évitent les anémones de mer, mais les poissons-clowns sont immunisés et vivent en symbiose avec elles, qui les protègent des prédateurs.

INCROYABLE MAIS VRAI !
On peut voir de l'espace la Grande Barrière de corail – 2 000 km. C'est la plus grande structure due à des êtres vivants.

27 Le poisson-pierre a l'air d'un simple caillou.

Ce poisson repose sur le fond où il se confond avec les pierres qui l'entourent. S'il se sent en danger, les épines venimeuses qu'il porte se hérissent et leur contact peut paralyser aussitôt l'assaillant.

Poisson-lion

Labre nettoyeur

Poisson-pierre

▲ Les récifs coralliens sont l'habitat d'une étonnante variété de plantes et d'animaux marins.

Nageurs de naissance

28 Il y a plus de 21000 espèces de poissons dans la mer. De l'immense requin-baleine à la minuscule anguille de mer, ils sont pour la plupart couverts d'écailles, ils se servent de nageoires et d'une queue puissante pour se déplacer. Comme leurs cousins d'eau douce, ils respirent l'oxygène dissous dans l'eau absorbé par leurs branchies et rejettent le gaz carbonique.

29 Le régalec peut mesurer 7 mètres de long. C'est le plus long des poissons osseux et on le trouve dans tous les océans. La nageoire rouge qui court le long du dos de la tête à la queue lui donne une grande élégance.

◀ On croyait que le régalec nageait horizontalement. On sait aujourd'hui qu'il nage verticalement.

30 Le poisson-lune aime les bains de soleil ! Ce gros poisson de forme lunaire peut peser jusqu'à une tonne. Cet original aime prendre des bains de soleil en se laissant flotter à la surface de l'eau.

▶ Le poisson-lune, qui peut mesurer plus de 3 mètres de long, est le plus gros poisson osseux. Il se nourrit de plancton.

▲ Se déplaçant en groupe appelé banc, les poissons, comme ces vivaneaux à raies bleues, échappent plus facilement aux prédateurs.

31 Tous les poissons n'ont pas la même forme. Il suffit de regarder une sole ou un autre poisson plat pour s'en rendre compte. On pense à tort que le maquereau et le poisson rouge sont typiques. L'anguille est si filiforme que la plus grande ressemble à un serpent et la civelle à un ver de terre. Quant à l'hippocampe et au poisson-dragon, ils ne ressemblent à aucun autre poisson.

▶ La forme plate du carrelet et sa couleur sable l'aident à se camoufler sur le fond de la mer.

▶ Les poissons volants se nourrissant près de la surface, on les observe facilement. Leur vol plané leur permet d'échapper aux prédateurs.

32 Le poisson volant ne vole pas. Un poisson ne peut survivre hors de l'eau, mais le poisson volant – ou exocet – peut effectuer de très longs sauts planés (près de 200 mètres) quand il nage à grande vitesse. Ses larges nageoires lui permettent de planer pendant 30 secondes.

QUIZ

1. Quel poisson aime les bains de soleil?
2. Combien d'espèces de poissons trouve-t-on dans la mer?
3. Comment respire un poisson?
4. Un poisson peut-il voler?

1. Le poisson-lune 2. Plus de 21 000
3. Avec ses branchies 4. Non

Gare au requin !

33 Le grand requin blanc est le plus redoutable. Ce puissant prédateur peut se déplacer à 30 km/h. C'est un poisson à sang chaud, contrairement à la plupart des autres poissons, ce qui lui permet de développer une grande puissance musculaire mais l'oblige à dévorer beaucoup de viande.

▼ Le requin-pèlerin consomme une quantité énorme de plancton. Il filtre environ 1000 tonnes d'eau à l'heure.

▲ Le grand requin blanc est un grand chasseur. Il attaque et mange tout ce qui se présente mais préfère les phoques.

34 Les requins sont carnivores. Le requin-tigre peut avaler n'importe quoi quand il est affamé ! Les plus grands requins, curieusement, mangent les plus petites proies. Le requin-baleine et le requin-pèlerin se nourrissent de plancton.

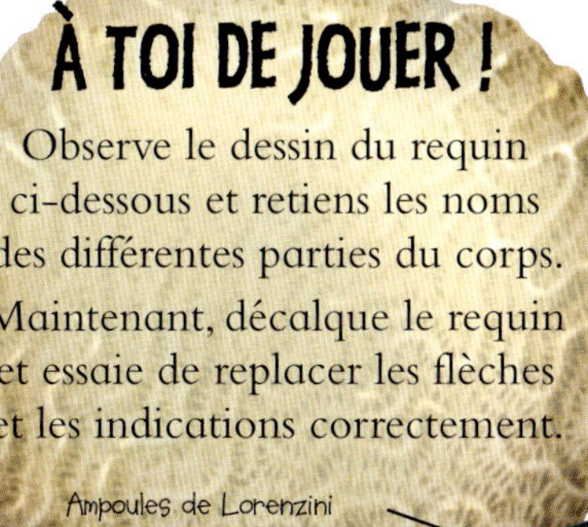

À TOI DE JOUER !

Observe le dessin du requin ci-dessous et retiens les noms des différentes parties du corps.

Maintenant, décalque le requin et essaie de replacer les flèches et les indications correctement.

▶ Le requin-marteau dévore d'autres requins, des raies, des poissons osseux, des crabes, des homards et des calmars.

Nageoire dorsale

Ampoules de Lorenzini (récepteurs électrosensibles)

Ouïes

Narine

Mâchoire

Nageoire pectorale

Nageoire pelvienne

Nageoire anale

Nageoire caudale

36 Le requin-marteau a une tête rectangulaire. Celle-ci a un œil et une narine à chaque extrémité.

En la balançant à gauche et à droite, le requin peut mieux voir et sentir les proies qui se trouveraient dans le voisinage.

▼ Le requin-tigre abandonne ses bébés et les laisse se débrouiller.

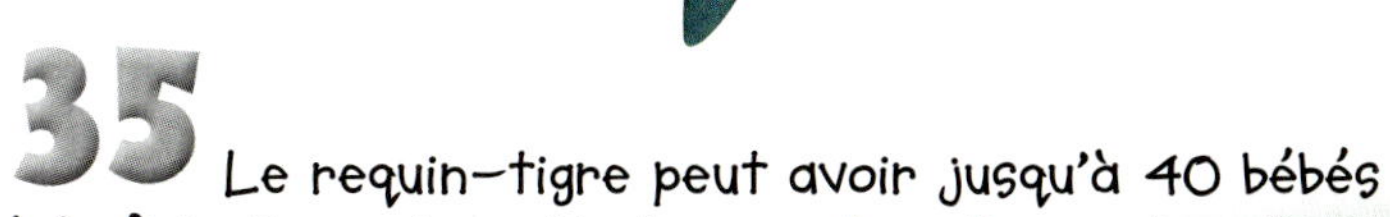

35 Le requin-tigre peut avoir jusqu'à 40 bébés à la fois. Les petits se développent dans des sacs à œufs dans le corps de la mère. Beaucoup d'autres requins se reproduisent ainsi, mais il y a d'autres méthodes. Les petits du requin-marteau se développent directement dans la mère, sans sac à œufs. D'autres requins, comme le chien de mer, abandonnent les sacs à œufs dans la mer et laissent les bébés se débrouiller.

Baleines et dauphins

37 Le plus gros animal de la planète vit dans les océans. C'est la baleine bleue, longue d'environ 28 mètres et qui pèse jusqu'à 190 tonnes. Elle se nourrit chaque jour d'environ 4 tonnes de krill : une dizaine d'espèces de petits crustacés. Comme toutes les baleines, elle a une bouche garnie de fanons cornés et non de dents.

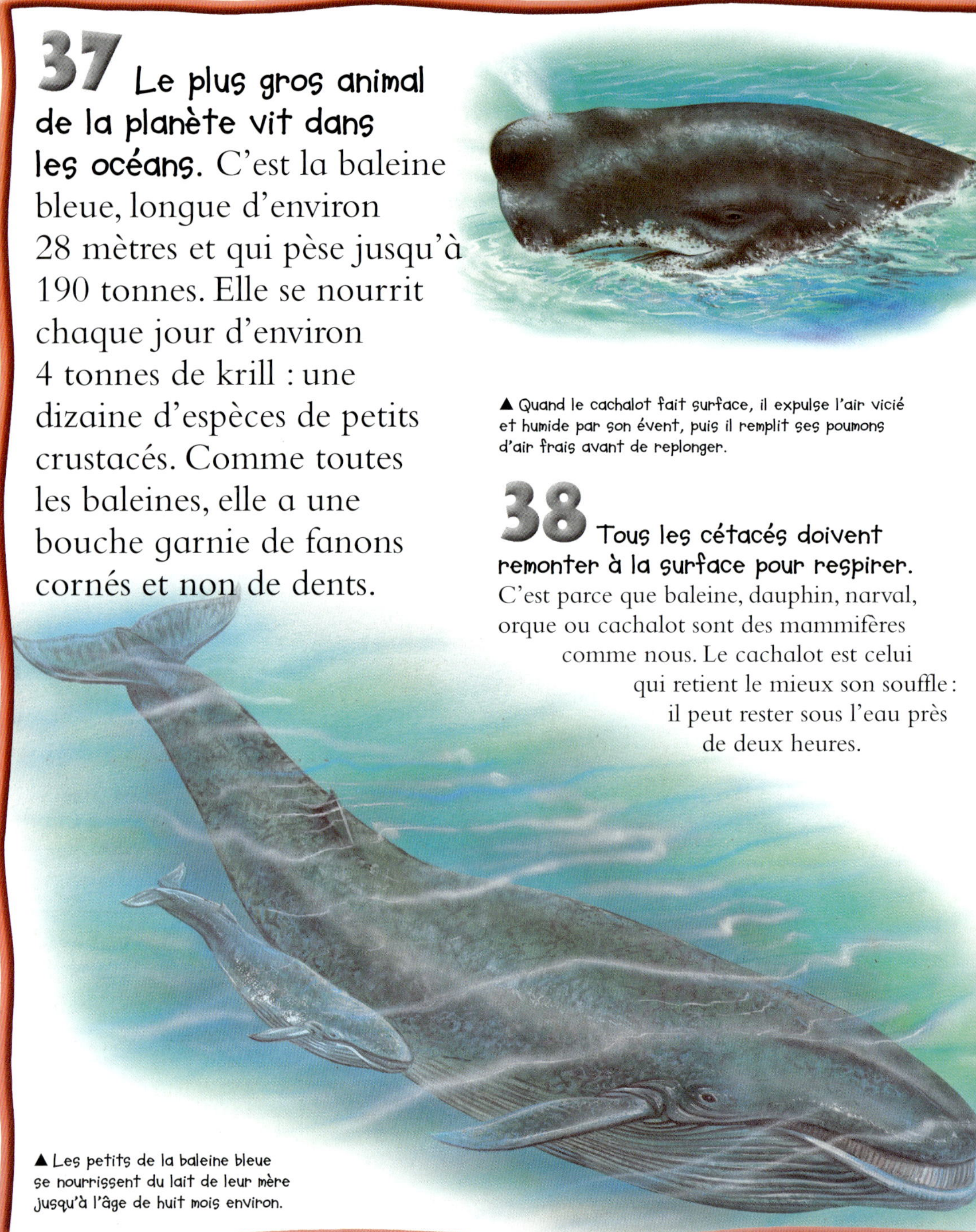

▲ Quand le cachalot fait surface, il expulse l'air vicié et humide par son évent, puis il remplit ses poumons d'air frais avant de replonger.

38 Tous les cétacés doivent remonter à la surface pour respirer. C'est parce que baleine, dauphin, narval, orque ou cachalot sont des mammifères comme nous. Le cachalot est celui qui retient le mieux son souffle : il peut rester sous l'eau près de deux heures.

▲ Les petits de la baleine bleue se nourrissent du lait de leur mère jusqu'à l'âge de huit mois environ.

▲ L'orque emporte les bébés phoques au large pour les dévorer.

▶ Le béluga, une des espèces de dauphins, est connu pour la grande variété de sons qu'il émet.

39

Dauphins et baleines chantent pour communiquer. Le chant de la baleine à bosse, le plus intense, porte à des centaines de kilomètres. Le plus mélodieux est celui du béluga. Ces chants servent aux mâles à attirer une éventuelle compagne.

40

Le narval porte une épée. C'est une dent très développée à stries hélicoïdales. Elle sert aux mâles pendant la parade amoureuse. Certaines femelles en ont une aussi.

▲ L'épée du narval – 3 mètres – semble trop longue pour son corps.

41

L'orque joue avec sa proie. L'orque est surnommée baleine tueuse. C'est le plus grand des dauphins : elle possède donc des dents. Sa nourriture préférée est le bébé phoque qu'elle lance en l'air avant de le dévorer en mer.

42

Moby Dick est une baleine blanche célèbre. Moby Dick et le capitaine Achab sont les héros d'un hallucinant récit de Herman Melville.

INCROYABLE MAIS VRAI !
Les bernacles sont des crustacés qui se fixent sur la coque des bateaux ou sur le corps des baleines grises ou d'autres animaux marins.

Mammifères marins

43 Baleines et dauphins ne sont pas les seuls mammifères marins. Phoques, otaries et morses sont des mammifères à sang chaud adaptés à la vie océanique. Ils ont des nageoires à la place des pattes, ce qui est bien pratique pour des nageurs. Ils ont aussi un corps allongé et une couche de graisse sous la peau pour avoir chaud dans l'eau glacée.

▶ Les phoques communs, annelés et du Groenland vivent dans les eaux froides du Nord, les phoques de Weddell, de Ross et le léopard des mers dans celles du Sud.

44 L'éléphant de mer est énorme. Celui des mers australes peut peser plus de trois tonnes et demie, son cousin du nord en pèse au moins deux. Pendant la saison des amours, qui dure trois mois, les mâles restent à terre pour combattre d'éventuels rivaux mais, étant incapables d'attraper des poissons, ils peuvent perdre jusqu'à la moitié de leur poids.

46 **La loutre de mer s'arrime avant de faire un somme.** Ces créatures au caractère enjoué qui vivent dans d'immenses forêts d'algues géantes de la côte pacifique s'entourent le corps d'une liane marine avant de se reposer, afin d'éviter d'être emportées par les vagues de l'océan.

▲ Arrimée aux algues géantes, la loutre de mer peut croquer tranquillement un crabe.

45 **La couleur des morses change.** Dans l'eau glacée, ils sont brun pâle ou même blancs car leur sang se retire de la peau pour que le corps ne refroidisse pas. De retour à terre, ils retrouvent une couleur brun-roux ou même rose car le sang revient sous la peau.

▼ Le morse se sert de ses canines supérieures comme arme et comme outil pour percer un trou dans la glace afin de respirer et pour se hisser hors de l'eau.

INCROYABLE MAIS VRAI !
Le léopard de mer chante en dormant. Ces phoques de l'Antarctique sifflent pendant leur sommeil.

Reptiles océaniques

47 L'iguane marin est le lézard qui préfère le plus l'eau. La plupart des lézards préfèrent vivre sur terre où il est plus facile de réchauffer leur corps à sang froid, mais l'iguane marin dépend de la mer pour se nourrir. Il plonge pour trouver les algues qui poussent sur la roche sous-marine.

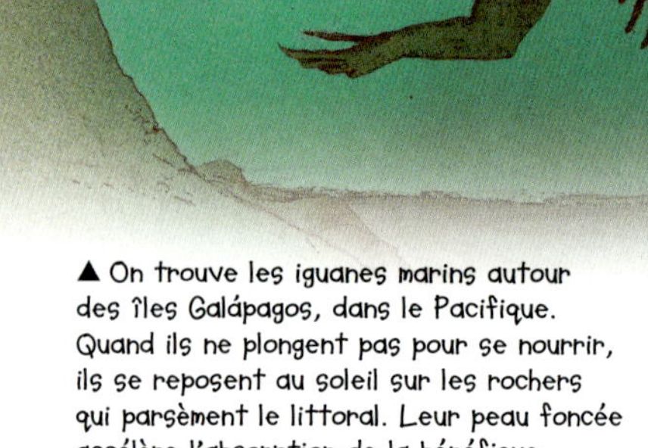

▲ On trouve les iguanes marins autour des îles Galápagos, dans le Pacifique. Quand ils ne plongent pas pour se nourrir, ils se reposent au soleil sur les rochers qui parsèment le littoral. Leur peau foncée accélère l'absorption de la bénéfique chaleur solaire.

48 La tortue ne revient sur la terre ferme que pour pondre. Bien que née sur terre, elle se dirige vers la mer dès la sortie du nid. Après avoir pondu, elles retournent directement à la mer. La tortue imbriquée peut avoir jusqu'à 140 œufs par ponte, certaines grandes tortues vertes peuvent en pondre 800 en une année.

▲ En une seule saison, la tortue verte peut pondre dix fois, chaque ponte comptant jusqu'à 80 œufs !

49 Il y a des serpents venimeux dans la mer.

Il y a des serpents venimeux dans la mer. La plupart ne s'éloignent pas de la côte et vont pondre sur le rivage. Le serpent marin annelé cherche sa proie favorite, l'anguille de mer, dans les récifs coralliens. Le serpent marin à ventre jaune, qui est vivipare, ne sort jamais de l'eau où il abandonne ses petits.

▼ Le serpent annelé paralyse sa proie avec son venin, mais celui à ventre jaune utilise une autre tactique : quand sa couleur a attiré un poisson, il pivote brusquement et la proie se trouve devant sa gueule ouverte. Le venin des serpents marins est plus fort que celui des serpents terrestres.

Serpent marin annelé

Serpent de mer

QUIZ

Essaie d'associer ces noms de tortues aux illustrations ci-dessous :

1. Verte 2. Imbriquée
3. Luth 4. Caouanne

Réponses : 1C 2B 3D 4A

▼ La tortue luth est la plus grosse du monde et peut mesurer plus de 4 mètres.

50 La tortue luth plonge à 1200 m pour son déjeuner.

La tortue luth plonge à 1200 m pour son déjeuner. Elle détient deux records : plus grosse tortue marine et plongée la plus profonde. Elle se nourrit principalement de méduses, mais mange aussi des mollusques, des crabes, des homards et des oursins.

Faune des abysses

51 **Peu d'êtres vivants peuvent survivre au froid glacial des profondeurs de l'océan et à son obscurité.** La nourriture y est si rare que la baudroie abyssale ne dépense pas son énergie en chassant des proies. Elle possède une antenne à extrémité lumineuse qui pend devant sa gueule ouverte – sa « canne à pêche » – et attire les petits poissons. Elle n'a qu'à refermer sa gueule pour les avaler.

▼ La baudroie abyssale est noire ou marron et seule l'extrémité de sa « canne à pêche » est visible.

▼ La lumière émise par ces poissons, ou par les bactéries qu'ils portent, est appelée lumière biologique ou bioluminescence.

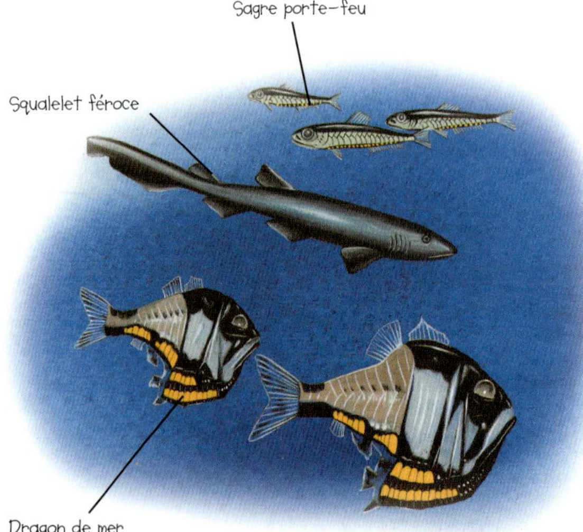

52 **Certains poissons des profondeurs émettent de la lumière.** On en compte quelque 1 500 variétés. Cette lumière a pour fonction de tromper les prédateurs et d'attirer les proies. Tout le corps du sagre porte-feu est lumineux mais seuls les flancs et le ventre ont des points lumineux, et seul le ventre du squalelet féroce brille dans l'obscurité.

53 Le grandgousier est un vrai glouton. Cet étrange poisson long de 25 cm peut avaler un poisson beaucoup plus grand que lui : il décroche sa mâchoire pour l'attraper, puis distend son corps pour l'avaler d'un coup.

▲ La vipère de mer doit son nom à ses grands crochets.

▼ Comme de nombreux poissons abyssaux, le grandgousier a une peau lisse sans écailles.

54 Les dents de la vipère de mer sont invisibles dans l'obscurité. Elle chasse gueule ouverte et ses proies, des crevettes, ne se rendent compte de rien avant d'être entrées dans sa gueule.

▶ Certains pogonophores grandissent autour de cheminées hydrothermales, appelées fumeurs noirs, à plus de 3000 mètres de profondeur.

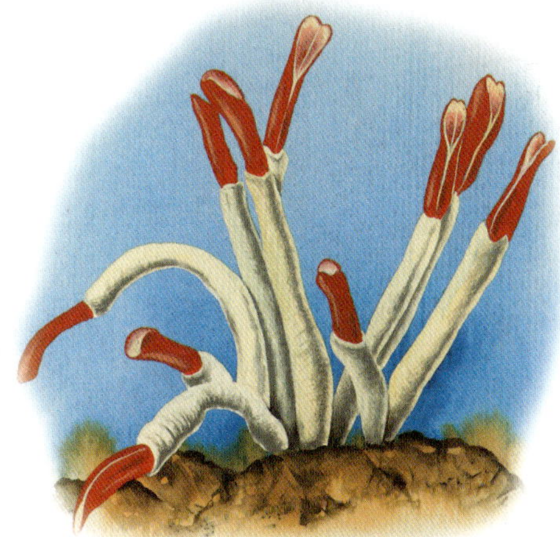

55 Il y a au fond de la mer des vers aussi longs qu'une voiture ! Ces tubes annelés géants, des pogonophores, se nourrissent de particules de l'eau qu'ils filtrent.

Voyages au long cours

56 Nombre d'animaux océaniques voyagent sur des distances incroyables. Les homards de Floride passent l'été à se nourrir près de la côte, mais s'en vont en hiver vers des eaux plus profondes. Ils cheminent environ 50 kilomètres au fond de la mer et forment des colonnes qui peuvent compter plus de 50 individus. Ils restent en contact en se touchant constamment avec leurs longues antennes.

▲ Au printemps, ces colonnes de homards retournent dans des eaux moins profondes. Ils fraient autour des récifs coralliens du détroit de Floride.

57 L'hirondelle de mer est une championne. Nul oiseau marin ne vole aussi bien qu'elle. Après avoir niché dans l'Arctique, elle se rend dans l'Antarctique. Au cours de sa vie, elle peut parcourir plus de 1 250 000 kilomètres !

◀ L'hirondelle de mer peut parcourir plus de 40 000 kilomètres en une seule année !

58 Les baleines grises sont les mammifères qui détiennent le record du nombre de kilomètres parcourus.

58 Les baleines grises sont les mammifères qui détiennent le record du nombre de kilomètres parcourus. Il y a deux populations de baleines grises dans le Pacifique. L'une passe l'été au large de l'Alaska et se rend au sud du Mexique pour se reproduire. Elle peut parcourir près de 20 000 km dans l'année. L'autre passe l'été au large des côtes de Russie puis voyage vers le sud jusqu'en Corée.

▶ Des baleines grises passent l'été dans la mer de Béring où elles se nourrissent de petits crustacés. Elles vont de décembre à mars dans les eaux plus chaudes au large du Mexique pour donner naissance à leur petit.

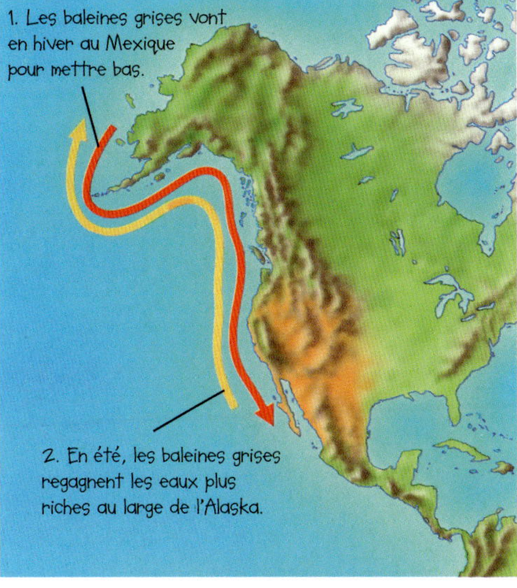

59 Les jeunes tortues caouannes font un voyage de deux ans.

Les jeunes tortues caouannes font un voyage de deux ans. Elles naissent sur des plages japonaises puis plongent dans le Pacifique pour aller au Mexique, un voyage de 10 000 km. Elles y passent environ cinq ans avant de revenir au Japon pour se reproduire.

▼ Tous les bébés des tortues caouannes ne parviennent pas à la mer. Quand elles courent sur la plage, certaines sont la proie de mouettes et de crabes.

INCROYABLE MAIS VRAI !

Anguilles et saumons nagent des milliers de kilomètres dans l'océan pour revenir frayer dans leur cours d'eau natal.

À tire-d'aile

60 L'albatros est le plus grand des oiseaux marins. L'envergure des ailes de l'albatros peut atteindre 3 mètres, quasiment la longueur d'une voiture familiale ! Cet oiseau est si grand qu'il préfère prendre son envol du haut d'une falaise. Il passe des mois en mer. Sa maîtrise du vol est telle qu'il peut planer en dormant. Pour se nourrir, il se pose sur la mer et se saisit de proies comme les seiches.

▶ Fou de Bassan s'emparant de son repas.

61 Le fou de Bassan possède un airbag. Sa technique est de se précipiter la tête la première dans l'océan pour se saisir d'un poisson avec son bec. Son piqué est si rapide qu'il heurte violemment l'eau. Heureusement pour lui, le choc est atténué par une espèce d'amortisseur pneumatique.

62 Les macareux creusent des terriers. Alors que les autres oiseaux se bousculent sur les falaises pour faire leur nid, les macareux creusent un terrier. La femelle y pond un seul œuf et les deux parents nourrissent l'oisillon pendant 6 semaines.

▼ Les macareux creusent un terrier ou reprennent un terrier de lapin abandonné.

▲ Frégate mâle faisant sa cour.

63 La frégate mâle gonfle un ballon pour séduire. Le mâle possède dans la gorge un sac rouge vif qu'il gonfle pour attirer l'attention de la femelle qu'il convoite.

QUIZ

Peux-tu associer ces oiseaux de mer à leur nom ?

1. Cormoran 2. Mouette à tête grise 3. Guifette noire

A. B. C.

A.3 B.2 C.1

64 Les fous dansent pour séduire une femelle. Il y a deux variétés, le fou à pattes bleues et celui à pattes rouges. Pendant la danse, le regard de la femelle est attiré par la couleur. Peut-être cela lui permet-il de ne pas se tromper de partenaire.

▼ Les fous sont des oiseaux marins des tropiques qui vivent en colonies.

Manchots en smoking

65 **Macaroni, antarctique et impérial sont trois espèces des 17 variétés de manchots vivant dans l'hémisphère Sud.** Ils se nourrissent de poissons, de seiches et de krill. Grâce à leur plumage noir sur le dos, on les distingue mal, vus du ciel, quand il nage à la surface de l'eau. Et ils sont difficilement visibles par les prédateurs sous-marins grâce à leur plumage blanc sur le ventre !

Manchot à jugulaire

66 **Ces oiseaux sont d'excellents nageurs mais ne volent pas.** Ils sont couverts de petites plumes qui ressemblent à des écailles très serrées, ce qui rend leur plumage imperméable et l'eau glisse ainsi dessus quand ils nagent. Contrairement aux oiseaux volants, les manchots ont des os pleins et lourds, ce qui leur permet de plonger profondément et longtemps dans la mer pour aller chercher leur nourriture. Le manchot impérial peut rester plus de 15 minutes sous l'eau.

Le plus rapide des oiseaux nageurs est le gentoo ou pingouin papou : on l'a vu nager à plus de 30 km/h.

▶ Les manchots ont une couche de graisse sous leur plumage qui les protège de l'eau glaciale.

67 Le manchot empereur ne fait pas de nid. Il couve son œuf entre les pattes et le recouvre de la peau de son ventre. Ainsi, il est bien au chaud et n'est pas en contact avec le sol gelé. Ce n'est pas la femelle mais le mâle qui s'occupe de l'œuf jusqu'à l'éclosion. Pendant ces deux mois de couvaison, le père ne s'alimente pas ! Dès que le petit est né, la femelle revient et les deux parents l'élèvent ensemble.

▶ Le petit du manchot empereur reste sur les pattes de sa mère ou de son père jusqu'à ce qu'il ait perdu son duvet gris. Ensuite, son plumage devenu imperméable, il pourra plonger dans l'eau glaciale pour chercher tout seul sa nourriture.

▲ Le manchot d'Adélie construit son nid avec des petits cailloux.

68 Certains manchots font des nids en cailloux. Les manchots papous et d'Adélie en construisent sur le rivage de leur choix. Ils commencent par creuser un trou puis l'entourent d'une couronne de cailloux.

Produits de la mer

◀ Les pêcheurs retrouvent leurs nasses à homards en y attachant des bouées.

69 Les huîtres viennent de bassins et les homards de nasses. Les animaux de la mer se mangent entre eux et nous les mangeons à notre tour. Les ostréiculteurs élèvent les larves d'huîtres dans des parcs, puis affinent et engraissent les jeunes huîtres dans des bassins communiquant avec la mer. Les homards adultes sont piégés dans des nasses munies d'appâts.

70 On cultive aussi des algues. Les algues peuvent être délicieuses à manger, et sont aussi utilisées dans la préparation des glaces et des engrais. Elles sont cultivées dans les eaux tropicales et peuvent être séchées pour leur conservation.

▲ On cultive les algues autour de poteaux fichés dans la mer.

▶ Des colonnes d'acier reposant sur le fond soutiennent les plates-formes pétrolières, perchées à environ 15 mètres au-dessus de la surface de l'eau.

71 **La mer est une source de profits importants.** On tire du sous-sol marin le pétrole et le gaz naturel, indispensables aux pays industriels, qui sont pompés et transportés à terre par des pipelines ou des pétroliers géants. Une autre substance importante vient de la mer : le sel. Dans les régions suffisamment chaudes, on retient l'eau dans des bassins – les marais salants – et on la laisse s'évaporer : il suffit ensuite de recueillir le sel cristallisé.

72 **Les perles viennent de la mer.** Quand un corps étranger se loge dans une huître, il irrite ce mollusque qui, par autodéfense, l'enveloppe d'une substance appelée nacre : celle-là même dont sa coquille est enduite. Avec les années, la couche de nacre s'épaissit et la perle devient plus grosse.

QUIZ

1. Avec quel objet attrape-t-on les homards ?
2. Que trouve-t-on dans le sous-sol marin ?
3. Les algues sont-elles comestibles ?
4. Qui fabrique les perles ?

1. Avec une nasse
2. Du pétrole et du gaz
3. Oui 4. L'huître

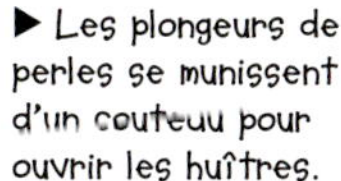

▶ Les plongeurs de perles se munissent d'un couteau pour ouvrir les huîtres.

Premiers voyages

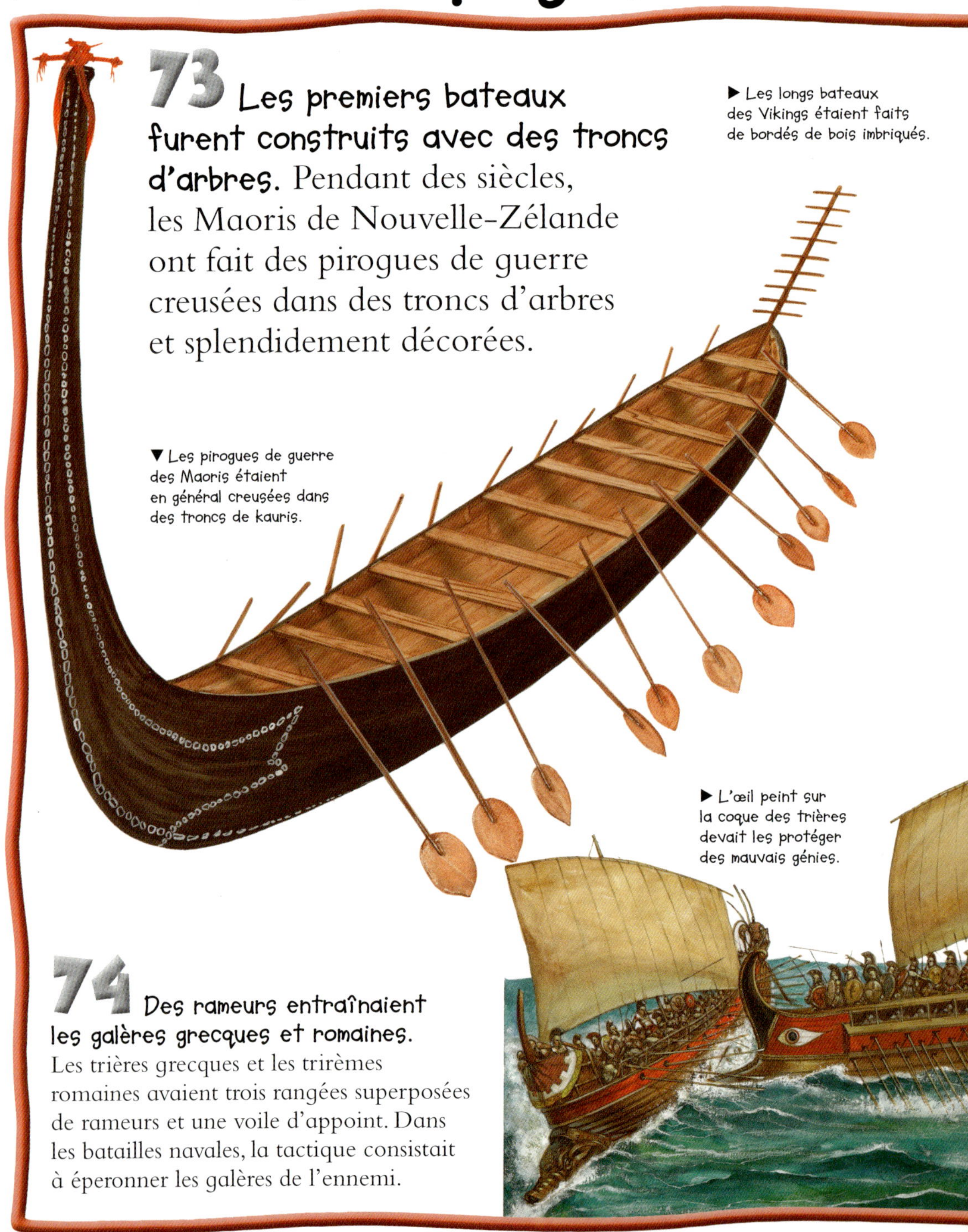

73 Les premiers bateaux furent construits avec des troncs d'arbres. Pendant des siècles, les Maoris de Nouvelle-Zélande ont fait des pirogues de guerre creusées dans des troncs d'arbres et splendidement décorées.

▶ Les longs bateaux des Vikings étaient faits de bordés de bois imbriqués.

▼ Les pirogues de guerre des Maoris étaient en général creusées dans des troncs de kauris.

▶ L'œil peint sur la coque des trières devait les protéger des mauvais génies.

74 Des rameurs entraînaient les galères grecques et romaines. Les trières grecques et les trirèmes romaines avaient trois rangées superposées de rameurs et une voile d'appoint. Dans les batailles navales, la tactique consistait à éperonner les galères de l'ennemi.

75 Les Vikings étaient soutenus par des dragons.

Les Vikings étaient soutenus par des dragons. La proue des bateaux nordiques portait une sculpture de dragon ou de serpent destinée à terroriser les ennemis. Le Viking Leif Ericson fut le premier à traverser l'Atlantique il y plus de 1 000 ans. Il débarqua en Amérique du Nord, à Terre-Neuve.

76 Le principe de la boussole aurait été découvert en Chine il y a 2 500 ans.

Le principe de la boussole aurait été découvert en Chine il y a 2 500 ans. La boussole – aiguille aimantée s'orientant vers le nord – a été utilisée pour la navigation par les Chinois à la fin du XIe siècle. Les Arabes l'ont adoptée, puis enfin les Européens qui ont monté l'aiguille sur un pivot.

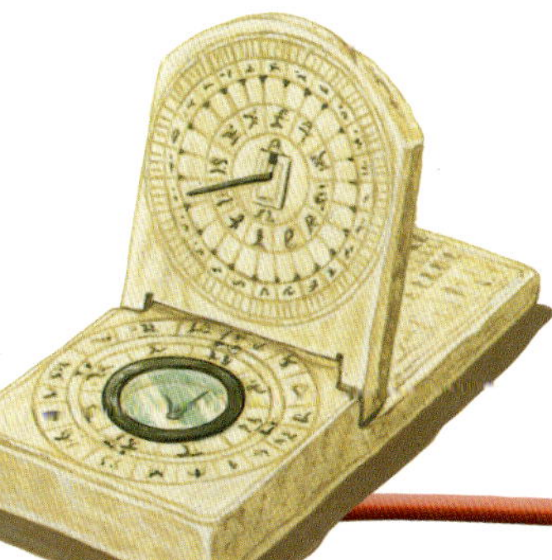

▶ Ce n'est qu'au XIVe siècle que les boussoles deviendront plus élaborées.

77 On attribue la découverte de l'Amérique à Christophe Colomb.

On attribue la découverte de l'Amérique à Christophe Colomb. Le XVe siècle fut celui des grandes découvertes. Christophe Colomb quitta l'Espagne en 1492 avec une flotte de trois caravelles. Il cherchait une nouvelle route pour les Indes, mais il découvrit l'Amérique qui figura enfin sur les cartes marines.

▶ La *Niña*, la *Pinta* et la *Santa Maria* : la flotte de Christophe Colomb.

QUIZ

Réorganise les lettres pour découvrir les noms de six types de bateaux différents.

1. lelacvare 2. groipue
3. èglare 4. conta
5. quabpote 6. tvetdee

1. caravelle 2. pirogue 3. galère 4. canot 5. paquebot 6. vedette

À l'abordage !

78 Les pirates furent autrefois les maîtres des mers. Les pirates sont des marins qui attaquent des bateaux pour s'emparer de leur cargaison. Les XVIIe et XVIIIe siècles, époque où des navires lourdement chargés rapportaient des trésors et des marchandises précieuses des colonies d'Afrique, d'Amérique et d'Asie, furent leur âge d'or. Un des plus terrifiants fut Edward Teach, surnommé Barbe Noire, très actif au large des côtes nord-américaines. On raconte que pour effrayer ses victimes, il n'hésitait pas à mettre le feu à sa propre barbe !

▼ Les pirates, connaissant le sort qui les attendait (pendaison, noyade, prison) s'ils étaient pris, se battaient jusqu'à la mort.

79 Il y avait même des femmes pirates. La piraterie était un monde masculin, mais quelques femmes s'y illustrèrent. Mary Read et Anne Bonny faisaient partie d'un équipage de pirates qui écumaient la mer des Caraïbes. Habillées en homme, elles étaient armées d'épées, de sabres d'abordage et de pistolets.

80 Il y a encore des pirates sur les mers.

Il y a encore des pirates sur les mers. Malgré la chasse aux pirates et aux contrebandiers, la piraterie n'a pas disparu. Les yachts de luxe sont des proies faciles et, dans la mer de Chine, des pirates à bord de vedettes rapides attaquent même de grands navires de commerce.

▼ Les plongeurs ont trouvé des trésors extraordinaires dans des épaves de galions.

81 Il y a des trésors au fond de la mer.

Il y a des trésors au fond de la mer. Au fil des siècles, de nombreux navires ont coulé, victimes de tempêtes ou brisés sur des récifs. Parmi eux, il y avait des navires de pirates chargés de butin. Le fond de la mer des Caraïbes est riche en épaves de galions espagnols qui restent à découvrir.

VOTRE PAVILLON

Munis-toi de :

papier peinture pinceaux

Le pavillon à tête de mort ne fut pas le seul pavillon de pirates. Copie un des suivants :

Sous l'eau

82 Un sous-marin a plongé à plus de 10 000 mètres.

Le bathyscaphe Trieste, avec deux personnes à bord, descendit en 1960 dans la fosse des Mariannes, la plus profonde connue. Il lui fallut près de 5 heures pour atteindre le fond, à 10 916 m. Pendant la descente, la pression extraordinaire provoqua une fissure, mais les deux hommes réussirent à remonter indemnes.

▲ Le Trieste est resté 20 minutes au fond de la fosse des Mariannes, si profonde que l'on pourrait y superposer 19 tours comme la tour de Toronto, une des plus haute du monde.

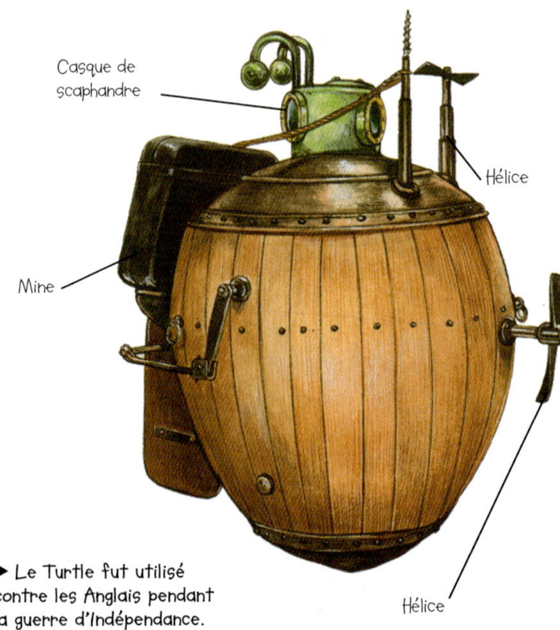

▶ Le Turtle fut utilisé contre les Anglais pendant la guerre d'Indépendance.

83 Le premier sous-marin militaire avait la forme d'un œuf.

Le Turtle, conçu pour un seul passager, plongea pour la première fois en 1776. Premier véritable sous-marin, il n'avait pas de moteur : il se déplaçait grâce à des hélices à main ! Plongeant juste sous la surface, il était destiné à fixer une mine sur la coque de navires ennemis.

84 **Les plongeurs ont des poumons supplémentaires.** Grâce à l'invention par les Français Jacques-Yves Cousteau et Émile Gagnan d'un appareil de plongée autonome équipé d'un appareil respiratoire, les plongeurs ont pu s'affranchir du scaphandre, lourd et peu pratique, relié au bateau d'escorte par un câble et des tuyaux.

INCROYABLE MAIS VRAI !
En 1963, Jacques-Yves Cousteau a construit un village sous-marin dans la mer Rouge. Il y a vécu un mois entier avec quatre compagnons.

◄ Les plongeurs, équipés d'un appareil respiratoire, bénéficient d'une grande autonomie.

85 **Les plus gros sous-marins sont longs de 172 mètres.** De type Typhoon, à propulsion nucléaire, ils ont été construits en Union soviétique de 1981 à 1989, atteignent 25 nœuds en plongée et sont conçus pour opérer sous la banquise.

Périscope
Gouvernail
Rampes de missiles
Tubes lance-torpilles
Salle des machines
Gouvernail de profondeur

▲ L'équipage de l'énorme sous-marin nucléaire russe Typhoon compte 160 marins.

Super-bateaux

86 Certains navires sont invisibles. Les navires de guerre furtifs ne sont pas vraiment invisibles, mais ils sont difficilement détectables par les radars. Il existe des matériaux, et aussi des peintures spéciales, qui absorbent en partie les signaux radar. Ceux-ci, de plus, sont déviés par les formes anguleuses du bateau.

INCROYABLE MAIS VRAI !
Le Titanic, que l'on disait insubmersible, heurta un iceberg et coula lors de son voyage inaugural. Plus de 1500 personnes perdirent la vie.

87 Les plus grands navires du monde sont longs de près d'un demi-kilomètre. Des pétroliers géants comme le Jahre Viking transportent du pétrole dans le monde entier. Ils se déplacent lentement en raison de leur poids et de leur grande taille.

▼ Le superpétrolier géant *Jahre Viking* est long d'un peu plus de 458 mètres.

▲ La forme anguleuse et irrégulière d'un navire furtif dévie les signaux radar et rend sa localisation difficile.

88 Tous les bateaux ne flottent pas.

88 Tous les bateaux ne flottent pas. L'aéroglisseur est soulevé au-dessus de la surface de l'eau par un coussin d'air retenu par une jupe. N'étant pas soumis à la résistance de l'eau, ces appareils avancent plus vite que les bateaux ordinaires.

◀ L'aéroglisseur peut se déplacer à 65 nœuds, soit environ 120 km/h.

▼ L'utopique Freedom Ship devrait être surmonté d'une piste d'atterrissage pouvant accueillir des avions de 40 places.

89 Certains navires prennent des bateaux-stoppeurs !

De gros navires peuvent abaisser une partie de leur pont sous l'eau pour embarquer de plus petits bateaux. D'autres, les porte-avions, embarquent des appareils qui n'emportent pas assez de carburant pour voler assez loin et les rapprochent ainsi de leurs objectifs.

90 Bientôt une ville flottante ?

Ce gigantesque navire – plus d'un kilomètre de long, 25 étages, 50 000 résidents, 15 000 employés, centre commercial, restaurants, école, hôpital, tennis et autres équipements sportifs, aérodrome sur le toit – devrait faire le tour du monde en deux ans. Verra-t-il le jour ?

Sports nautiques

91 Le premier sport nautique fut le surf. Il a été inventé il y a des siècles par les indigènes des îles du Pacifique, notamment ceux des îles Hawaii. Celles-ci sont aujourd'hui toujours très réputées pour la pratique du surf avec, à Waimea Bay, des vagues de 11 mètres de haut. Les plus longs parcours ont pourtant été relevés au large des côtes du Mexique : plus d'un kilomètre et demi.

▶ Les planches de surf modernes sont très légères ce qui permet d'atteindre une grande vitesse.

92 Un seul bateau a tiré cent quarante-cinq skieurs ! Ce record, obtenu en Australie en 2012, n'a toujours pas été battu.

◀ Le ski nautique est un des sports nautiques les plus populaires.

QUIZ

1. Nom de l'hydroglisseur le plus rapide ?
2. Année de vente des premiers jet-skis ?
3. Emplacement de Waimea Bay ?
4. Qu'est-ce qu'un trimaran ?

1. Spirit of Australia
2. 1973 3. Hawaii
4. Un voilier à 3 coques

93 **On peut atteindre près de 100 km/h avec les jet-skis.** Ces engins datent des années 1960. Leur inventeur américain, Clayton Jacobsen, voulait combiner ses passe-temps favoris, les courses de motos et le ski nautique.

◀ Premières ventes de jet-skis en 1973.

◀ Les trimarans ont trois coques, les catamarans deux.

94 **Trois coques valent parfois mieux qu'une.** Les courses à la voile sont un sport passionnant, mais dangereux. Les architectes cherchent à inventer de nouveaux voiliers encore plus rapides. Les multicoques réduisent la résistance apparente de l'eau, sont très stables, mais résistent mal aux vagues d'une mer démontée.

▶ L'hydroglisseur est un bateau à moteur qui survole les vagues.

95 **Les hydroglisseurs volent au-dessus des vagues.** C'est un croisement entre le bateau et l'avion. Des ailerons spéciaux soulèvent la coque deux mètres au-dessus de l'eau. Le plus rapide fut le Spirit of Australia. Piloté par Kenneth Warby, il a dépassé la vitesse de 500 km/h !

Mythes de la mer

▼ Jason et les Argonautes franchissant les Cyanées, rochers errants qui se heurtaient l'un l'autre au passage des navires, qu'ils écrasaient.

96 **Le héros grec Jason fit un voyage épique sur mer.** On doit aux Grecs de l'Antiquité de nombreux récits d'aventures maritimes. Les Argonautes sont des héros mythologiques – Jason et ses compagnons – qui partirent sur un navire appelé Argo à la recherche de la Toison d'or, toison d'un bélier ailé gardée par un dragon et des taureaux furieux.

97 **Neptune (ou Poséidon) était le dieu de la Mer.** Poséidon était le nom donné par les Grecs - et Neptune par les Romains - au dieu de la Mer. Ils rendaient ce dieu redoutable, toujours représenté avec un trident, responsable des terribles tempêtes dont étaient victimes leurs navires naviguant en Méditerranée.

▶ Neptune brandissant son trident et soulevant une tempête.

▲ De nombreux peintres ont représenté Vénus sortant des eaux.

98 La déesse grecque de l'Amour et de la Beauté est née dans la mer. Aphrodite naquit de l'écume de la mer ou fut, dans d'autres récits, la fille de Zeus, le plus puissant des dieux. Les Romains assimilèrent leur propre déesse, Vénus, à l'Aphrodite des Grecs.

99 Le kraken était un monstre nordique qui engloutissait les navires. Cette histoire légendaire a peut-être pour origine un calmar géant bien réel, long de 10 mètres.

▶ Pris pour un monstre, le calmar géant a des yeux grands comme des assiettes.

100 Les sirènes attiraient les marins vers les écueils. Dans la mythologie grecque, les sirènes, qui avaient une tête et une poitrine de femme sur un corps de poisson, ensorcelaient les marins par le charme de leur chant et causaient leur perte.

▼ Les mythiques sirènes étaient mi-femme mi-poisson.

Index